Test de couleur

Testez vos feutres ou crayons de couleurs sur cette page pour voir comment elles réagissent au papier.

Placez une ou deux feuilles blanches derrière chaque page pendant que vous coloriez, afin d'éviter que les couleurs ne débordent vers la page suivante.

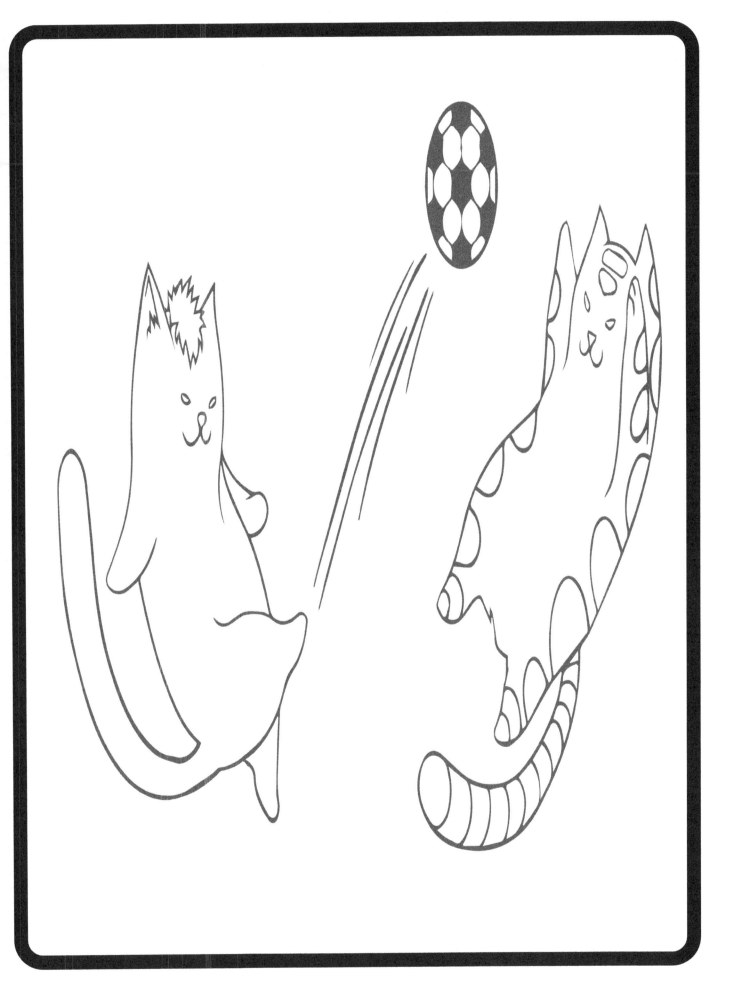

Merci

Si vous avez apprécié ce livre

prenez 5 min de votre temps

pour laisser un commentaire

et une évaluation à ce livre,

cela aidera grandement l'auteur .

Made in the USA
Monee, IL
31 May 2022

97274129R00031